© 2020 Hazel, V.
Herstellung und Verlag: BoD – Books on Demand, Norderstedt
ISBN: 9783751955676
Cover: iStock.com/ Marcus Millo

Mein Sport-Tagebuch

zum Selber ausfüllen

(mit Linienspiegel am Buchende)

Hier ist dein Platz für all deine sportlichen Erfolge.

Du möchtest deine Erfolge festhalten und nachblättern, wie
weit du schon gekommen bist?
Dann ist dieses Buch genau das Deine!

Vertraue ihm deine Leistung, deine Erfolge und deine Siege
an – denn du bist ein absoluter Gewinner! Hab den Mut und
leg los!

An diesem Beispiel kannst du dich orientieren, passe es an
dich an – mach die Liste persönlicher, ganz zu dir passend!

- ❖ Was hast du gegessen?
- ❖ Mit wem trainierst du?
- ❖ Wo stehst du gerade beim Training?
- ❖ Welche Musik unterstützt dich?
- ❖ Wie ist das Wetter, wenn du draußen trainierst?
- ❖ Welches Wetter unterstützt dich?
- ❖ Welche Gedanken hast du nach dem Training?

Vergleich und beobachte, dann siehst du deine eigenen
Trainingserfolge – du kämpfst, wächst und gewinnst, bleib dran!

Dein V. Hazel